DE NOS CONSTITUTIONS FUTURES.

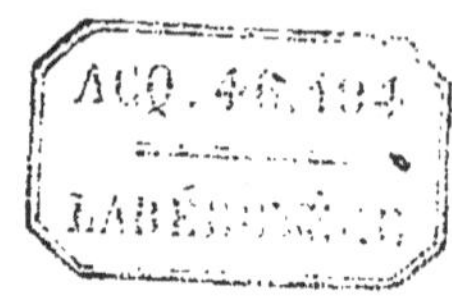

PAR L. A. PICHON,

ANCIEN AGENT DIPLOMATIQUE, EX-CONSEILLER D'ÉTAT ET INTENDANT GÉNÉRAL DU TRÉSOR EN WESTPHALIE.

Statuo esse optimè constitutam Rempublicam quæ ex tribus generibus illis, regali, optimo, et populari, confusa modice.

Cic., de Rep.

A PARIS,

DE L'IMPRIMERIE DE PORTHMANN,

Rue des Moulins, n°. 21.

1814.

AVERTISSEMENT.

J'ai annoncé, dans mon Ouvrage sur l'Etat de la France sous le Gouvernement de Bonaparte, *que je donnerais à la suite, quelques développemens des vues de rétablissement que j'y ai indiquées. Pour acquitter ma parole, et ne point m'exposer au reproche d'avoir pensé dans le vague, je soumets au Public quelques idées sur nos Futures Constitutions. Ces idées, je le sais, heurtent des opinions qui semblent avoir reçu chez nous, et surtout parmi ceux qui se croyent les plus sincères amis de la liberté, le caractère de vérités démontrées et d'axiomes. Mais j'ose espérer que si ces* personnes lisent ces vues, en se reportant à l'histoire, qui est le grand livre de la politique, elles y trouveront au moins matière à des doutes utiles. Que notre expérience au moins, si celle de l'histoire ne l'a pu, nous serve à nous faire revenir des théories fausses et exagérées qui nous ont perdus. Nous nous sommes entêtés d'idées de politique spéculative, hors de la sphère des faits, qui ont causé tous nos malheurs, en donnant naissance à des systêmes de Gouvernement, desquels tous les genres d'excès devaient nécessairement découler.

Quant aux personnes qui, outrant d'un autre côté l'expérience, vont à d'autres conclusions extrêmes, en voulant qu'il n'y ait point de Constitution, et que la voix des peuples ne soit comptée pour rien, elles ne se doutent pas à quel point elles se confondent avec les partisans les plus exagérés de la souveraineté active du peuple. Je ne connais pas deux genres d'ouvrages qui se ressemblent plus que ceux des visionnaires des deux écoles. Les écrits de M. de Bonnald, et ceux des Constituans de 1793, se ressemblent, on ne peut plus, par cette théorie métapolitique qui en fait la base, qui cherche le Gouvernement dans les pures abstractions, au lieu de le chercher dans l'expérience et les faits. Ceux qui auront lu avec attention Hobbes et Harrington, auront trouvé les mêmes analogies dans ces écrivains opposés. L'Angleterre n'a trouvé le bonheur et le repos que dans des établissemens dont les architectes puisant dans l'intérêt national, ont également su écarter toutes ces illusions.

En France, nous avons épuisé la spéculation sur les deux extrêmes. Le Gouverne-

ment despotique n'a guères moins eu
d'apologistes et de prédicateurs sous Bonaparte, que la souveraineté du peuple pendant les douze précédentes années. Espérons
que nous nous arrêterons enfin au milieu.
N'eussé-je réussi qu'à faire parvenir une
idée susceptible d'une utile application dans
une tête puissante, je me croirais récom-
pensé de ma peine.

J'ai eu encore un autre objet en publiant
quelques idées sur cette grande question.
Des personnes préoccupées ou des ennemis
pourraient trouver dans la chaleur de mon
ouvrage sur l'Etat de la France, chaleur
bien naturellement inspirée par les malheurs
qu'a enfantés le Gouvernement impérial,
et par le sentiment profond que j'ai toujours
eu de sa tendance pernicieuse, pour prendre
ou pour donner le change sur mes opinions.
On verra, j'espère, qu'en parlant vivement

sur des faits et sur des principes qui exciteront toujours l'indignation des gens de bien, j'ai des idées d'organisation et de Gouvernement qui ne sont rien moins que visionnaires, et que j'attaque avec le même courage le despotisme et les principes exagérés qui en ont été la véritable source.

DE NOS CONSTITUTIONS

FUTURES.

Du besoin général de Constitutions.

Quel est donc ce cri de Constitution qui retentit dans les deux hémisphères ; qui parcourt toute l'Amérique depuis le Pérou jusqu'au nouveau Mexique, et qui se propage en Europe depuis la Sicile jusqu'à la Norwége ? Quelle est donc l'influence de ce mot, que les Gouvernemens présentent aux peuples, que les peuples invoquent à leur tour, comme une sorte de panacée à tous les genres de maux ? De la part des princes, n'est-ce qu'un vain talisman dont ils se servent pour conjurer et calmer des passions turbulentes, et faire diversion à un échauffement momentané ? De la part des peuples, n'est-ce qu'une chimère à la poursuite de laquelle ils épuisent vainement

A

leurs forces pour se retrouver, après beaucoup d'efforts, au même point, et retomber dans la triste réalité dont ils désirent si ardemment sortir ? Telle est la question que la révolution française a fait naître, et qui s'agite aujourd'hui plus vivement que jamais.

Il y a deux siècles et demi que le même cri général que nous entendons se répéter d'un bout du monde à l'autre pour les Constitutions, circulait en Europe pour les professions de foi. Toute la chrétienté a été, pendant cent ans, ensanglantée par une guerre religieuse, dans laquelle les peuples étaient comme aujourd'hui, armés contre les peuples, et la plupart des Nations, armées contre leurs chefs. Aujourd'hui comme alors, les Rois les plus étrangers aux nouvelles opinions, après avoir vainement tenté de les détruire, se sont intéressés à leur conservation ; ils ont protégé des symboles de foi proscrits chez eux, des systêmes d'hiérarchie que leurs cabinets et leurs peuples avaient en horreur. Comme alors, la politique, c'est-à-dire, la prudence et la sagesse, appliquées aux affaires d'Etat, l'emportent aujourd'hui sur les préjugés ; les peuples ont pris la contagion des opinions qu'ils étaient appelés à combattre : toute l'Europe alors était agitée d'une sorte de mouvement instinctuel, dont le but n'était pas bien défini, mais dont les effets, au fond, ont été salutaires, puisqu'après tout, il a empêché, comme celui que nous voyons, l'établissement d'une Monarchie universelle que tout le monde redoutait; monarchie pour laquelle il ne manquera jamais de candidats habiles à saisir un grand mouvement d'opinion pour s'en frayer le chemin. A ces deux époques, et sous des noms différens, c'est la question de la liberté civile qui a été réellement agitée. Les dangers que cette liberté courait de la part des papes ont armé, il y a deux siècles, contre leur autorité, les peuples et les rois : si les écrits du temps ne nous donnaient d'amples preuves de cette vérité, les anathêmes que les écrivains dévoués à Bonaparte, ont lancés depuis dix ans, par ordre de leur maître, contre la réformation, nous en fourniraient une bien irréfragable.

Chose extraordinaire, ce cri si long-temps étouffé sous la tyrannie de Napoléon, retentissait au fond de son cœur comme un tocsin continuel, et ce qui n'a pas peu contribué à l'entêter dans la continuation de la guerre, c'est l'hypocrite intérêt qu'il prenait à l'étouffer dans toute l'Europe. Il est certain que ses flatteurs, ses conseillers secrets, parmi lesquels figuraient un grand nombre de gens qui l'anathématisent aujourd'ui, avaient appelé son attention sur le phénomène singulier que sa tyrannie avait produit : c'est que l'Europe, après avoir été séduite par Napoléon de l'espoir qu'il détruirait jusqu'aux dernières traces du levain de la révolution, en était venue à mettre les mots de *Liberté* et de *Constitution* sur la bannière qu'elle élevait contre lui, et que c'était à ces deux cris de ralliement que tous les peuples marchaient, pour ainsi dire, en masse, à l'attaque de son odieuse domination.

Il y a, chez les peuples qui demandent des Constitutions, un besoin réel dont ees vœux sont l'organe. La France, plus que tout autre pays, éprouve ce besoin. Pour que nous ayons pu souffrir tout ce que nous éprouvons depuis dix ans, en le repoussant au fond de nos cœurs, il faut que l'organisation politique qui nous a mis dans cette nécessité affreuse ait été vicieuse au dernier point. Ce n'est point l'abus et la violation d'une bonne Constitution de Gouvernement ; c'est l'usage d'une Constitution détestable, édifiée dans des vues systématiques d'asservissement, qui nous a menés naturellement à l'oppression sous laquelle nous avons gémi. Une Constitution pareille, avec de meilleurs princes, n'aurait sans doute pas conduit à d'aussi grands excès ; mais elle aurait entraîné des maux qui, avec moins de force dans le Gouvernement, auraient plus promptement amené des révolutions.

La base d'une Constitution libre est dans le partage effectif du pouvoir. Rien n'étant plus fâcheux que cette nécessité où se trouvent les peuples par les vices des Gouvernemens sous lesquels ils vivent, de se porter à la révolte, ou de se jeter dans une inertie, dans une indifférence, qui conduisent à des résultats également funestes ; l'opinion de la France réclame hautement, non pas des hommes exempts de taches, et doués de la perfection pour la gouverner, mais des établissemens au moyen desquels on puisse empêcher des hommes, même vicieux, que la faveur, ou la faction, ou l'aveuglement, peuvent élever à la puissance, de porter trop loin l'abus du pouvoir. La masse des peuples qui ne veut que le repos et la sureté, pour qui les bontés des Gouvernemens et leurs plus extrêmes faveurs ne sont et ne peuvent être que dans la protection qu'ils en reçoivent contre l'abus de la force et de l'autorité ; cette masse, sans savoir comment y remédier, sait parfaitement, et elle éprouve, surtout depuis vingt-cinq ans, que c'est par un abus sans exemple de la puissance, qu'elle a été rendue si malheureuse. Cette puissance a été constamment cumulée dans les mains ou d'une troupe de factieux ou d'un tyran qui l'un et l'autre l'ont employée à commettre tous les genres d'excès. Puisque nous avons éprouvé tous les maux qui résultent d'un pouvoir sans bornes, c'est évidemment d'une organisation opposée que nous pouvons attendre d'éviter à l'avenir de pareils malheurs. Le remède et le préservatif se trouvent dans la division de l'autorité. Il faut qu'elle soit, non point placée dans des mains qui n'en puissent abuser ; c'est la quadrature du cercle à trouver que cette solution ; mais partagée en diverses mains, et qu'elle soit répartie de manière que la jalousie et la crainte, ces premiers moyens de conservation de tout être doué d'une spontanéité raisonnée, en tiennent constamment les divers dépositaires en haleine et en observation pour éviter que l'un n'opprime l'autre, et, par suite, ne soit maître d'abuser des biens et de la personne des sujets.

Mais, où réside essentiellement ce pouvoir

qu'il s'agit de partager ; et de qui faudra-t-il attendre ce partage ? Question *métapolitique* , si je puis me permettre l'expression, aussi oiseuse que les questions de métaphysique les plus subtiles. Il y a dans toutes nos connaissances quelques théorèmes de ce genre qu'il faut avoir connus et même examinés, mais qu'il n'est plus permis, sous peine de tomber dans l'excès de la spéculation, d'agiter sérieusement quand une fois on est sorti de sur les bancs de l'école. Le pouvoir réside-t-il dans le peuple ? Le point mathématique est-il un espace ? L'homme est-il libre, malgré l'action des causes innombrables qui concourent à déterminer sa volonté, malgré l'intervention de la main céleste dans le gouvernement de l'Univers ? Voilà des questions à peu près analogues, et que l'homme discutera éternellement sans les résoudre. Il n'en est pas moins vrai que dans la pratique tout le monde s'arrête à une solution qu'aucun esprit raisonnable ne voudra contester. L'homme est libre ; aucun gouvernement ne peut le révoquer en doute : c'est le fondement de toutes les sanctions législatives, la base de toutes les sociétés. Que la souveraineté réside ou non dans les peuples, le gouvernement existe bien pour eux : s'il cesse de remplir cette destination, on n'attendra pas que les docteurs se soient accordés sur la question de l'origine et de la nature de la souveraineté, pour l'en convaincre. Vainement les agens d'un pouvoir tyrannique voudront-ils, comme le faisaient les proconsuls romains en Allemagne, et comme l'on fait depuis les généraux et les commissaires français, persuader aux peuples qu'il faut souffrir les mauvais gouvernemens, et se borner à désirer les bons comme on souffre les intempéries des saisons, et comme on en souhaite la régularité. Il est plus aisé de prêcher ces consolations aux peuples opprimés que de les faire réussir. Bonaparte, dans son dernier ordre du jour de Fontainebleau, n'en appelle-t-il pas à la voix nationale, qui lui avait conféré la suprême puissance ? Un usurpateur peut donc invoquer les principes de l'aliénabilité irrévocable de la souveraineté des peuples, comme les plus ardens démagogues peuvent s'appuyer sur sa nature imprescriptible. Mais ce qui n'est pas incertain, c'est que, tôt ou tard, la révolte éclatera également contre Robespierre ou contre Bonaparte; que l'un se soit cru l'élu de la volonté générale imaginée par Rousseau, et l'autre celui de toute la nation; et de plus l'oint du Seigneur par l'onction qu'il avait reçue de l'autorité religieuse la plus élevée qui soit dans la chrétienté. Disons donc, en sortant de ces espaces imaginaires, que ce qui importe, c'est que le pouvoir soit divisé et qu'il y ait dans une société, qui prétend au bon gouvernement, un équilibre de puissance résultant de la division des forces, qui garantisse les peuples contre l'inévitable oppression d'une seule, comme dans la société européenne l'indépendance et la sureté des Etats, est fondée sur une semblable répartition.

De nos erreurs en matière de division du pouvoir.

Mais quelles seront ces puissances? Voilà la difficulté. Dans cette division nous n'avons pas moins erré jusqu'ici que dans l'origine de la souveraineté. Confondant avec Montesquieu l'essence du pouvoir avec ses fonctions, nous avons cru qu'il y avait trois puissances dans l'Etat : le pouvoir exécutif, le pouvoir législatif, et le pouvoir judiciaire. Il est indicible combien de maux sont sortis de cette première erreur. Nous avons entrepris de diviser l'autorité souveraine entre trois personnes politiques, dont l'une était un prince , ou un corps chargé de l'exécution des lois; la seconde, la législature ; la troisième , les tribunaux ; et procédant à ce partage comme à une classification encyclopédique , il est arrivé qu'en voulant, à l'exemple des savans qui portent dans les sciences naturelles ces classifications à un certain dégré de rigueur, nous nous sommes perdus dans des divisions arbitraires et jetés à la fin, comme par désespoir, dans un empyrisme où les leçons de l'histoire, les principes les plus consacrés de la théorie des gouvernemens sont également oubliés.

Ce n'est point ainsi que la nature , que notre esprit et notre volonté qui sont gouvernés par ses lois , procèdent dans leurs créations ; et si nous y faisons attention, c'est presque toujours en prenant pour des réalités les divisions de nos méthodes qui n'ont pour objet que de soulager notre faiblesse, que la spéculation nous égare dans toutes les carrières. Une fois lancés dans cette route, nous n'y voyons plus de fin. En procédant à la construction du Gouvernement par ses diverses fonctions, nous trouvons, et nous avons trouvé le pouvoir administratif ; puis celui de police, puis mille autres qui sortiront, au gré de notre esprit, des espaces imaginaires, et fourniront la matière de nouvelles divisions de la suprême autorité.

Revenons à la nature des choses. Le pouvoir souverain, le droit de commander aux hommes qui composent une association quelconque, tout ce qu'il peut-être nécessaire d'ordonner pour son bien-être ; ce pouvoir est un : mais il n'y a aucun exemple qu'il réside, ou qu'il ait résidé entièrement dans un seul corps ou dans une seule personne. Au-delà de la petite association de famille, il est presque impossible à une seule personne ou à un seul corps d'exercer cette puissance : la délégation qui en est faite devient insensiblement pour les délégataires une sorte de patrimoine, et ainsi se créent de nouvelles forces aux dépens d'une force unique qu'il est plus aisé d'imaginer et de décréter que de maintenir. C'est la perfection plus ou moins grande de cette division, qui fait le plus ou moins de stabilité des gouvernemens.

C'est à cette répartition de forces que les nations veillent aussi efficacement que le degré d'instruction et d'organisation dont elles jouissent le leur permette. C'est pour la rectifier, lorsque l'excès de l'inégalité s'est fait trop durement sentir, que dans les pays où cette organisation et cette instruction sont le plus défectueuses, elle porte le poids toujours décisif de sa masse contre celui d'où viennent les excès.

Ancienne division du pouvoir en Europe et en France.

Dans toutes les monarchies de l'Europe, cette division des pouvoirs a existé, et ces monarchies sont nées avec elle et par elle. Successivement un seul est parvenu à les absorber tous, à s'enrichir de leurs dépouilles. La spoliation cependant ne s'est pas faite sans combats, et de là les agitations, les guerres civiles, qui ont duré jusqu'à ce qu'un certain équilibre fût rétabli dans les forces, et qui sont l'image des guerres extérieures où il s'agit toujours plus ou moins d'accroître sa puissance et d'éviter l'oppression.

Tous les États de l'Europe formés primitivement sur le même modèle, avaient ces constitutions tempérées dont Montesquieu a fait ce bel éloge en disant : « Chose étonnante! ce beau système de gouvernement a été trouvé dans les bois. » Ce système est tout entier dans ces mots de Tacite. *De minoribus rebus principes consultant : de majoribus omnes ; ita tamen ut ea quoque quorum penes plebem arbitrium est, apud principes pertractentur. Reges ex nobilitate ; duces ex virtute sumunt.* Tels étaient les grands traits de ces anciennnes organisations, dont les restes sont parvenus jusqu'à nous. On ne peut un moment croire que ces peuples, en entrant dans les provinces romaines, en aient pris le gouvernement corrompu. Leur forme de gouvernement les a suivis. Les parlemens, dont la France avait conservé l'ombre (en connaîtra-t-elle enfin la réalité) , et dont l'Angleterre n'a cessé pendant des siècles de perfectionner la constitution, ont été l'image vivante de ces institutions primitives, réduites aux proportions dont l'accroissement de l'Etat avait rendu l'introduction nécessaire. La première amélioration dans ce gouvernement, amélioration que l'augmentation du territoire et du nombre des sujets rendirent indispensable, fut l'hérédité du pouvoir royal; mais tout équilibre aurait été détruit, et il a bien pensé l'être, si de son côté l'aristocratie n'eût enfin emporté l'hérédité de ses

fiefs. Si l'on y prend garde, c'est dans l'inter-
valle qui s'est écoulé entre l'hérédité du trône
et celle des fiefs, qu'ont eu lieu les luttes les
plus terribles entre les deux branches du pouvoir. L'hérédité des voix dans le Parlement
ou dans l'assemblée qui devait représenter les
anciennes assemblées de la nation, a été le
dernier degré de perfection de cet équilibre :
cette dernière hérédité se retrouve aussi chez
nous. Si en France le Parlement, qu'on s'est
donné tant de peine pour réduire à l'état d'un
corps de *jugeurs*, comme on le disait ironi-
quement en 1770, n'avait été relevé par
la présence des Pairs héréditaires du royaume,
il y a long-temps que nous aurions eu le despotisme auquel M. le chancelier Maupeou
voulait nous réduire, et contre lequel, à l'honneur éternel de la noblesse française et de la
famille régnante, la pairie et les princes du
sang les premiers, ont fait une noble opposition. Lorsque le duc d'Aiguillon éleva la folle
prétention de contester au Parlement la qualité de cour des pairs, il ébranlait les bases de
tout l'édifice de la monarchie et préludait aux
bouleversemens dont nous avons été les té-
moins.

Au reste, le pouvoir en France était effec-

tivement distribué entre le Roi et le Parlement de Paris, qui s'appelait seul *le Parlement* tout court, reste de son ancien caractère : corps devenu presqu'héréditaire par la
vénalité des charges et leur perpétuation dans
les familles, et dont la puissance, par sa composition, par l'étendue du ressort dans lequel
il jugeait en appel, par l'immense jurisdic-
tion de première et d'exclusive instance qu'il
possédait, approchait de celle du Parlement
d'Angleterre. Le clergé, par ses assemblées
et le droit qu'il avait de s'imposer ; les états
provinciaux, par leurs plus ou moins fréquentes réunions, en avaient une part assez
considérable encore. Mais, l'imperfection de
ce partage s'est bien manifestée par les débats
qui ont eu lieu, dans le cours du dernier siècle, entre le Trône et les Parlemens : débats
dont la cause, on ne peut le dissimuler, a été
dans la tendance des ministres à enrichir l'autorité royale de la portion de pouvoir très-
légitimement prétendue par le Parlement.
Chose extraordinaire, et qui n'a point, que
je sache, été remarquée : tout le parti philosophique et Voltaire à sa tête, s'est jeté du
côté de l'autorité qui menaçait de tout en-
vahir : toute la littérature, salariée alors,

comme depuis, par les ministres, s'évertuait
à tourner les Parlemens en ridicule ; et bien-
tôt pour achever de détruire tous les contrô-
les, des ministres portés avec un excessif engoue-
ment par le parti dominant dans la littérature, proposèrent, avec des intentions fort
bonnes sans doute, mais bien aveugles, de
remplacer l'ancienne constitution des Etats
par des assemblées provinciales, dont j'ima-
gine que nous avons eu depuis l'application
sous le nom de Conseils de préfecture et de
département. Il faut donc le dire, et c'est ce
qui me frappe dans la lecture de tous les écrits
relatifs à ce grand procès que je n'ai connu
que par les pièces ; la Cour, j'y suis loin d'y
comprendre les Rois, la Cour paraissait ne
pouvoir prendre aucun repos qu'elle n'eût attiré à elle tout le pouvoir et réalisé l'axiome
qu'on avait bien passé quelquefois, pour la
forme, à quelques orateurs du temps ; mais
contre lequel toute la France protestait, l'axiome *que le Roi était maître absolu ;* et j'ai
quelque tentation de croire que les ministres
du parti philosophique s'étaient flattés d'a-
voir trouvé, pour atteindre le but, un moyen
plus sûr que celui qu'avait pris M. de Maupeou, en attaquant de front les derniers rem-

parts

parts des libertés nationales. En effet, l'en-
gouement de la Nation pour les doctrines
nouvelles la rendait bien propre à prendre le
change à cet égard, et, comme on l'a vu,
elle l'a successivement pris depuis, non-seu-
lement sur les choses, mais encore sur les
hommes.

On discutait alors dans l'intérêt de la Cour
d'une façon singulière. On voulait montrer
au Parlement que toute sa prétendue participation à la confection des lois, n'était fondée
que sur des usurpations progressives, ou sur
des concessions de la part des Rois : on mon-
trait que ce qu'il prétendait, n'appartenait,
n'avait appartenu réellement qu'à des autorités
d'une nature tout à fait différente, comme un
Conseil du Roi ou des Etats généraux. Mais outre que l'événement a montré combien cette dé-
claration était imprudente et quil fallait crain-
dre qu'il n'en appelât, comme dernier recours, à
ces corps dont on lui reprochait de porter or-
gueilleusement les dépouilles ; rien n'était plus
déraisonnable ni plus injuste que cette façon
de traiter la question. S'il s'agissait d'usurpations, soit violentes, soit tacites, qui en avaient
plus fait que la Royauté, depuis le passage
du Rhin ou seulement depuis la troisième

B

race ? Les puissans, quels qu'ils soient, s'é-
tant une fois partagé la souveraine autorité,
il n'est jamais prudent à une partie d'entre
eux d'accuser l'autre, lorsque l'autorité de
chacune remonte à la même origine. Les peuples ne voient pas d'un mauvais œil ce partage : mais ce qu'ils redoutent, c'est de voir
que l'un des co-partageans veuille accumuler
toutes les parts : à plus forte raison le crain-
dront-ils quand celui qui ne se montre pas
satisfait est déjà revêtu d'une puissance dont
l'abus s'est plus d'une fois et violemment fait
sentir. C'est par des concessions mutuelles,
c'est en respectant chacune leur domaine, en
abandonnant de bonne grâce ce qui semble
appartenir plus naturellement à l'un qu'à l'autre, qu'on évite les éclats ; et une fois qu'on
en vient à l'emploi de la force, il est impossible de dire comment et en faveur de qui le
combat doit se terminer.

Le partage de l'autorité publique sous notre
constitution parlementaire, avait ce grand dé-
faut que la noblesse et les communes, et par
là j'entends les villes (je ne conçois point le
peuple en masse comme nous l'avons ima-
giné depuis la révolution), y étaient absolument étrangères ; que l'une et l'autre étaient

convaincues que le parlement ne faisait le plus souvent le difficile, que pour faire acheter fort cher ses présidens à mortier et les plus distingués de ses conseillers. En effet, après les alliances, c'était par ce manége que des familles d'avocats avaient acquis des fortunes colossales , et s'étaient placées aux premiers rangs parmi la noblesse de robe : c'était la véritable origine d'une énorme quantité de rentes créées secrètement sous nos rois , comme depuis Napoléon en a créé pour des favoris de toutes les dénominations. Quoi qu'il en soit, il y avait donc effectivement en France un vrai partage dans la suprême autorité; et c'était une forme purement oratoire , que de dire que le roi y fût maître absolu.

Nécessité d'un nouveau partage du pouvoir en France ; il doit d'abord être partagé entre le roi et l'aristocratie du pays.

Maintenant que vingt-cinq ans de révolution ont détruit tous les élémens de cette ancienne constitution, et que les vœux de la nation l'ont portée , pendant le même nombre d'années, vers un autre système, ou plutôt vers les constitutions primitives de la monarchie ;

il est indispensable de déterminer avec qui se
fera le partage de cette puissance. C'est là l'affaire principale : tout le verbiage des constitutions n'est qu'un accessoire, tant que ce
point important n'est point réglé. Ce point ar-
rêté, au contraire, la machine qui doit résulter
du partage une fois construite, elle est comme
le cœur que les naturalistes croyent être la
première formation dans les animaux. Tout le
reste vient à la suite, ou plutôt tout le reste
en est comme l'émanation. Que la suprême
autorité qui doit faire la loi, et qui, d'après
les bases qui sont, à ce qu'il semble, conve-
nues, doit être composée du roi, d'une chambre héréditaire et d'une chambre de communes amovibles; que ce système de corps, qu'on
me passe l'expression, soit une fois créé et mis
en jeu, et la constitution est effectivement
faite.

*Qu'il ne peut y avoir de constitution à la ma-
nière dont on l'entend depuis vingt-cinq
ans.*

C'est une erreur dans laquelle nous sommes
tombés, et dont il est bien instant de revenir,
que de croire qu'il puisse exister une consti-

tntion , ou une loi fondamentale qui prédé-
termine , qui préjuge sur une foule de points ;
qui trace d'avance à toutes les autorités leur
orbite , et prévienne tous les empiétemens et
tous les abus. Il n'y pas un pays dont le gouvernement puisse être cité , où cela soit effectivement. Le seul qui en offre une analogie, ce
sont les Etats-Unis. Mais si on lit attentive-
ment leur constitution générale , on verra
combien elle est laconique , comparativement
aux nôtres. Cependant cette constitution a des
motifs pour entrer dans des détails , qu'en
France nous ne pouvons avoir. Il faut bien
observer que le pouvoir fédéral , réuni dans
les mains du président, du sénat et des représentans qui , tous trois , forment le congrès
à l'instar du parlement d'Angleterre : que ce
pouvoir est l'effet d'une délégation véritable
de la part des états particuliers ; que ces états
ont un organe régulier et pratique dans leurs
gouvernemens locaux ; qu'il est entendu que
le congrès n'a que des pouvoirs limités aux
concessions qui lui ont été expressément faites ;
que , par conséquent , il est intervenu ici un
contrat dont la sanction est possible , et existe
dans des corps toujours intéressés , toujours
capables de la faire valoir.

B 3

Mais , dans un pays où le pouvoir n'est point ainsi échelonné (il l'était, jusqu'à un certain point , autrefois par les traités qui avaient réuni les diverses provinces à la couronne), en France , la constitution est , et doit être constamment dans la volonté des trois grands dépositaires de l'autorité. L'autorité souveraine leur est confiée, pleine , entière , sans autre réserve , ni expresse , ni tacite, de la part de la nation , que la convention éternelle et impercriptible qu'il n'en sera point abusé. Il est impossible que la constitution soit autre chose qu'un partage de l'autorité souveraine , avec un petit nombre de clauses qui , étant du domaine de la législation , ne figureront dans le pacte qu'à cause de leur extrême importance et pour plus de solemnité.

C'est réellement ainsi, et non autrement, que les choses se passent dans le monde. Qu'on me montre , en Angleterre, la constitution ? Elle n'a point de loi à montrer, point de charte qui s'appelle sa constitution : sa constitution n'est que l'usage jusqu'ici observé par ses parlemens ; et un de ses articles fondamentaux, c'est que le parlement, c'est-à-dire, roi, pairs et communes, ont le droit

de tout faire, par conséquent et sauf le *veto* de
la nation, dont le sage Blackstone n'a point nié
l'existence, même celui de changer la Constitution. Quant à la grande charte, qui est assurément l'acte le plus positif où l'on trouve
des bases de Gouvernement et de liberté publique, c'est un contrat arraché, l'épée à la
main, par les barons au Roi ; et, par paran-
thèse, combien cette charte immortelle l'em-
porte sur nos déclarations de droits, par lesquelles nous avons prétendu la surpasser! Les
Anglais ont signé avec leur Roi, par cet acte,
un contrat positif, intelligible, pratique; nos
constituans ont semblé prendre leurs Déclarations de Droits dans les nuages dont nos
lroits ont en effet eu toute la volatilité! Nous
sommes bien en état, après la dure expérience
que nous venons de faire, de dresser un pareil
pacte. Nous savons trop comment le despotisme est venu, comment il a principalement
opéré, pour nous méprendre sur ce dont il
faut demander l'admission ou la suppression.
Mais où est encore une fois le corps moral
qui représentera les hardis et intrépides barons, dont le courage, et, au besoin, l'épée
étaient la sanction de ces pactes solemnels?
Irons-nous encore dans les espaces imagi-

naires, séparant le corps constituant du pouvoir législatif, chercher aux constitutions des garanties effectives ? C'est une des visions qui nous a perdus ; elle a donné naissance au jury constitutionnaire que la Convention eut le bon esprit de rejeter ; mais, pour notre malheur, elle s'est reproduite dans le Sénat conservateur, dans lequel la tyrannie a trouvé, comme je l'ai dit ailleurs, les plus puissans secours. Il est impossible qu'il y ait dans l'Etat un corps ou une autorité quelconque chargé de réglementer toutes les autres, et de contrôler leurs actes. Le contrôle ne peut résider que dans l'opinion et dans la force nationale, la première devant constamment pouvoir librement se manifester pour empêcher le recours à l'autre. S'il existe un corps de ce genre, il est le maître ; il devient le gouvernement du pays ; les autres pouvoirs ne sont plus que des machines dans ses mains, et celui de ces pouvoirs qui lui dictera ses arrêts de réglement, exercera alors toute l'autorité. C'est ce qui est arrivé avec le Sénat. S'il eût été possible qu'il exerçât le pouvoir qu'il avait sur le papier, il eût attiré à lui tout le Gouvernement. Les Etats-Unis se flattent d'avoir chez eux un gouvernement vraiment constitué sur la base d'une Constitution prédéterminée, à laquelle rien ne peut être changé par les trois autorités, Président, Sénat et Représentans. J'ai expliqué comment cela était possible chez eux, quant à leur Gouvernement général. Cependant les trois pouvoirs, dans la pratique, interprètent la Constitution assez largement ; le Congrès prend l'initiative des amendemens, les soumet aux législatures des Etats, et ces amendemens, s'ils sont adoptés par la majorité de ces Etats, deviennent des articles constitutionnels. On conçoit cette organisation ; mais, comme je l'ai dit, elle suppose des pouvoirs intermédiaires ; elle est donc inapplicable, là où ces pouvoirs n'existent point et ne sauraient exister.

Le premier élément de la Constitution doit donc être la formation de l'aristocratie.

Tous les pouvoirs devant résider dans les trois autorités, la sanction des articles constitutionnels qui seront convenus, ne pouvant être que dans le corps qui partagera le pouvoir avec le Roi, ce corps ne saurait donc être trop fortement constitué. Il faut qu'il soit héréditaire. Le trône ayant cet élément de force, l'aristocratie doit aussi le posséder ; il faut qu'il réunisse toute l'illustration qu'il soit possible d'y placer, parce que les noms fixent les regards, attirent à eux l'opinion, qui elle-même élève l'homme, et le porte aux grandes choses et aux choses difficiles. Mais surtout n'oublions pas qu'il doit représenter les deux intérêts qui divisent la France, l'intérêt de l'ancienne aristocratie et celui de la nouvelle. Qu'on y place les grands noms et les grandes fortunes de la France, pris, dans chaque province d'abord, dans une certaine proportion, et ensuite indifféremment, parmi des personnes qui ont occupé à la Cour de grands emplois, ou qui ont donné au Roi ou à sa famille de grandes marques de fidélité. Quant aux hommes qui se sont élevés durant la révolution, et par elle, les premiers à placer sont ceux qui ont acquis une grande illustration par les armes, ensuite ceux qui ont occupé des emplois civils. Mais il faut que tous soient aussi indépendans que possible par la fortune. Sous ce point de vue, la dotation d'une partie des nouveaux pairs paraît inévitable. Ils peuvent l'être par des biens domaniaux, érigés en fiefs publics, et réversibles à l'Etat, à l'extinction des lignes. Il est bien probable que bien des noms qui figureront sur cette liste, ne seront rien moins qu'entourés de la considération publique. Mais ce n'est point de cela dont il s'agit. L'essentiel est que tous les intérêts soient rassurés, au moyen d'une part proportionnelle dans la puissance; c'est commé cela qu'on arrivera à la paix. C'est une question de force, et non de morale, que celle qui s'agite, lorsqu'on parle de cette partie de la Constitution. Il est né de la révolution un intérêt puissant sous deux rapports, celui de la propriété, par les biens nationaux, et celui de l'opinion, par la crainte du retour à ce que l'on croit avoir justifié la révolution, c'est-à-dire à l'exclusion de la nation de toute participation à ses affaires. Personne assurément n'a plus abusé que l'aristocratie révolutionnaire : cela n'empêche pas que toute l'opinion révolutionnaire n'ait besoin de garantie et ne la réclame. L'abus du pouvoir par les indépendans, sous Cromwel, n'a pas empêché que les nobles révolutionnaires de l'Angleterre ne soient devenus, sous le nom de *Whigs*, les soutiens de la cause de la liberté.

Nous verrons les hommes de divers partis, une fois en présence les uns des autres et de l'opinion ; car il faut espérer que ce corps discutera publiquement ; nous les verrons, dis-je, débattre enfin les questions qui leur seront

proposées, et les débattre, non dans le vague,
mais avec ce sentiment d'intérêt personnel,
qui fait l'ame des discussions : c'est au milieu
de ces débats que la Nation trouvera sa sûreté,
et qu'elle évitera de retomber sous le gouvernement arbitraire des ministres.

J'ai insisté sur cette première création :
c'est la première et la plus instante. Dans
toute l'Europe la noblesse a perdu tout crédit et tout pouvoir, ce qui l'a jetée dans le
mépris auprès des peuples. Le Gouvernement
est exercé, sous les rois, par des coteries téné-
breuses, où des hommes de tous les rangs s'em-
pressent de faire hommage aux princes de la
liberté et de la fortune de ses sujets, dont ces
coteries au surplus usent et abusent à leur
gré. De cette manière, l'élément aristocratique de nos Gouvernemens a entièrement
disparu. Les classes diverses de l'Etat ne sont
plus liées par cette correspondance de protection de la part des grands, d'appui de la part
des petits, qui fait la base de l'organisation des
sociétés. C'est surtout en France que se trouve
au dernier degré ce résultat déplorable. Les
premiers moyens de restauration sont dans la
composition de cette aristocratie ; c'est par
elle qu'il faut commencer, comme on com-

mence la formation d'une armée par le cadre des officiers. Mais qu'il soit bien entendu que cette aristocratie aura constamment part au Gouvernement ; et si elle est fortement constituée, je ne crains point qu'elle s'en laisse écarter.

On proposera peut-être de faire arriver la noblesse à la chambre aristocratique par députation, et il y aurait des argumens très-plausibles en faveur de cette opinion. On aurait pour soi l'analogie de l'Angleterre, où deux royaumes réunis successivement à la couronne, l'Irlande et l'Écosse, n'envoient leurs pairies respectives que par députation. Cette marche en Angleterre est très-conforme à la nature des choses. En France elle ne l'est point. Nous n'avons plus en France qu'un bien petit nombre de pairs. La pairie, dont les restes se trouvaient encore au parlement, n'existait plus que comme ces organes que l'anatomie comparée découvre, au moyen des analogies, dans les animaux, c'est-à-dire, défigurée et méconnaissable. A mesure que l'on avait fait des réunions, les pairies des diverses provinces avaient disparu ; l'on ne savait presque plus en France ce que signifiait le mot pair (1). Quelques grands dignitaires s'é-

____

(1) C'était en Angleterre qu'il fallait aller pour che-

taient mis et maintenus en possession d'un
siége héréditaire au parlement ; le reste des
pairs était de très-nouvelle création. Mais la
plus haute noblesse de France avait perdu
toute prétention à la pairie. On pourrait peut-
être appeler les grandes maisons à présenter,
pour cette première formation, des candidats
ou même des élus ; mais, après tout, le mieux
sera sûrement, après avoir réintégré les anciens pairs dont les familles existent encore,
que le Roi choisisse lui-même dans l'ancienne
noblesse les familles qui devront y entrer. Après
des révolutions aussi profondes que celles que
la noblesse a éprouvées depuis deux ou trois
siècles, après un bouleversement comme celui
d'où nous sortons, c'est une véritable création de la noblesse française à laquelle il
s'agit de procéder ; c'est celle d'une pairie
qu'il s'agit de faire de toutes pièces. Il est indispensable, pour compléter la chambre aristocratique, qu'il y siége des ministres du culte,
pris dans les premiers rangs de la hiérarchie.
Il y avait en France des pairs ecclésiastiques ;
il faut y revenir dans la nouvelle organisation.

---

cher le sens véritable de ce mot, comme de celui des
jurés que nous avons eus autrefois, et dont nous
avons oublié la constitution.

C'est une erreur funeste, que de vouloir ex-
clure la religion du Gouvernement de l'Etat.
Mais toutes les sectes de la religion chrétienne
devraient-elles avoir un siége dans ce corps?
La question n'est pas si absurde qu'on le croit,
et le temps n'est peut-être pas éloigné où les
les évêques d'Irlande en obtiendront dans le
Parlement britannique.

Les membres de la chambre héréditaire por-
teront-ils le nom de *Pairs* ou de *Sénateurs?* Le
corps me paraît devoir s'appeler Chambre des
Pairs. Le titre de sénat est d'une origine et
d'un présage également funestes. Un sénat à
côté du roi reporte toujours les esprits au
sénat romain sous les empereurs. Le nom de
pairs nous rappelle à nos antiques constitutions; il élève la chambre aristocratique en
dignité; il est intelligible. Le nom de sénat,
apporté d'Italie par Bonaparte, avec les titres
de *tribuns*, de *consuls*, de *préteurs* et *ques-
teurs*, ne l'est pas; il prête à des analogies
dangereuses; il est devenu ridicule et odieux,
à cause des sénats romains, dont le nôtre a
été la vivante image.

Mais il y a des raisons encore plus déci-
sives. Il faut que cette chambre constitue la
Cour de justice suprême du royaume : c'est la

que doit résider la justice du souverain. Le nom de pairs rappellera ces hautes fonctions, et surtout leur exercice, quand il s'agira de juger des fonctionnaires du plus haut rang, et notamment les ministres et les pairs eux-mêmes.

C'est une fonction de la chambre aristocratique sur laquelle il faut s'expliquer cathégoriquement ; c'est ici qu'il faut revenir de nos erreurs sur la division des pouvoirs. Tous les pouvoirs, comme je l'ai déjà dit, doivent résider dans les trois personnes qui composent le parlement. L'exercice du pouvoir judiciaire ne saurait y être dans tout le corps ; il doit y être exercé par la chambre des pairs, qui, comme héréditaire, offre une garantie d'indépendance et de stabilité que la chambre amovible et élective n'offre pas. Par-là, nous rentrons dans le principe de nos anciennes institutions, dans lesquelles le parlement était Cour de justice, mais seulement pour des cas particuliers en première instance, et pour tous en appel, quant à la décision souveraine. Ce n'est que par-là que nous éviterons de nous rejeter dans la création de corps à constitutions anomales, qui, à l'instar des anciens parlemens, n'auraient pas la justice suprême ; ou bien comme le Conseil d'Etat,

tant

tant ancien que moderne , auraient une juridiction d'attributions pour certaines matières,
et, pour toutes les autres , une juridiction souveraine contestée et déguisée sous cette théorie de cassation sur laquelle nous n'avons pas
eu deux chanceliers qui fussent d'accord.

Des Communes.

S'il n'y avait dans l'Etat que les deux personnes dont nous venons de parler, le Rois,
et les pairs, nos libertés , seraient bien aven-
turées , et avec elles le bonheur et le repos
de la nation et de ses rois. Il faut retrouver
cet élément qui permettra que l'on puisse ap-
pliquer au Gouvernement de la France, la des-
cription de Tacite, en parlant du type de tous
nos Gouvernemens : *De majoribus omnes con-*
sultant. Pour que la nation soit toute entière
dans le Parlement , il faut, après que la noblesse du pays et son aristocratie foncière y
seront représentées , que le reste y arrive par
délégation, par élection , et cette délégation
doit occuper une chambre séparée , et composer un corps qui ait sa part de la puissance,
et qui, étant amovible , apporte constamment
l'expression des sentimens et des besoins des
peuples dont il est l'émanation.

C

Comment se fera cette délégation ? Y aura-t-il des électeurs intermédiaires entre les représentans et la nation : cela ne doit pas être ; les électeurs, selon moi, doivent nommer directement, et il ne doit point y avoir des électeurs destinés à nommer le représentant ? Qu'on fixe les conditions pour être électeur : qu'elles soient assez fortes pour donner des garanties contre de mauvais choix : il n'y en a pas de plus efficaces que celle de la propriété, mais de la propriété *foncière* seule. C'est la conservation de cette propriété qui est le grand lien de l'union sociale. C'est par les propriétaires du sol qu'a commencé, que se soutient toute association ; tout autre élément est trop passager, trop mobile : c'est la propriété foncière qui fait essentiellement le citoyen.

Une de nos premières erreurs a été de le méconnaître : c'est aux propriétaires que le Gouvernement appartient. Toute construction qui s'éloigne de là ne prépare qu'instabilités et agitations. Il faut donc que des conditions prises dans la propriété foncière déterminent la qualité d'électeur et d'éligible.

Mais ce qui me paraît surtout important, c'est que la représentation provienne de deux grandes divisions du pays des villes, et du reste de la France. Je l'ai dit dans mon précédent ouvrage, une chose instante, c'est la réintégration de notre Gouvernement municipal et des incorporations de nos villes, ainsi que de la distribution des citoyens en classes, dont leurs occupations offrent la division la plus naturelle, toutefois sans que ces classes deviennent le prétexte d'aucun monopole et d'aucun privilége. C'est en faisant table rase sur toutes ces divisions, que nous avons réduit la France et ses villes, surtout, l'état absolu d'une multitude incapable d'aucune action comme d'aucun vœu. Il en est résulté que nous avons reçu dans chaque ville un décurionat salarié à la nomination de la cour, qui est une des machines de despotisme les plus puissantes que l'on puisse concevoir, et que les citoyens de chaque cité, qui autrefois avait le choix de ses municipaux, l'adminisministration de ses biens et même ses tribunaux, sont maintenant gouvernés par des hommes nommés à Paris, qui sont toujours prêts à déclamer à la première occasion et à faire, au nom de leurs administrés, qui, le plus souvent, l'ignorent et le désavouent, toutes les offres et toutes les protestations imaginables.

C 2

En restituant aux villes leur Gouverne-
nement municipal, amélioré s'il y a lieu, il
convient de les faire participer à la représentation comme villes et non comme fraction d'un
territoire dans lequel leur population est con-
fondue. On déterminera le nombre de représentans à envoyer par chaque ville et en sa
qualité : le reste du pays enverra par dépar-
temens, et nous aurons ainsi une délégation
qui représentera, par les députés des dépar-
temens, l'intérêt agricole, par les villes
l'intérêt industriel. La mise en masse de toute
la population de la France, pour fournir à la
représentation, a été la première faute com-
mise en 1788, lors de la convocation des Etats
généraux. Elle est provenue d'idées exagérées
d'uniformité qui ont été une source de mé-
comptes et de malheurs.

Cette délégation nationale, comme je l'ai
dit, est une des plus puissantes sanctions de
nos libertés. Cette délégation est la véritable
réserve que les nations se sont attribuées dans
le partage, auquel elles connivent, de l'autorité, entre les Rois et l'aristocratie : c'est la
voie par laquelle la nation donne aussi des
places, encourage les talens qui lui sont utiles,
entretient le zèle de ses défenseurs ; de ceux

qui , négligeant de s'avancer par les routes de l'intrigue et par l'influence des cotteries qui se disputent le crédit auprès des cours, signalent des dangers qu'on n'est plus à temps de repousser, quand ils sont devenus jusqu'à un certain point imminens.

Lorsqu'une nation ne conserve plus rien qu'elle puisse donner en récompense des vertus et du courage qui la défendent contre l'injustice et l'oppression ; lorsqu'il lui est interdit même de manifester son estime à ceux qui , en servant dans diverses branches des autorités publiques, veillent à ses intérêts et à son honneur qui sont toujours inséparables, est-il étonnant que l'on montre tant d'empressement à la trahir ? Il était bien aisé de voir sous le gouvernement de Bonaparte que la nation était comptée pour rien , et qu'elle n'avait plus aucun encouragement à donner ; car jamais on ne vit tant d'empressement à la sacrifier au pouvoir et à trafiquer avec lui de sa dignité, de sa fortune et de son sang.

Un des bons effets de l'admission de la masse de la nation au partage de l'autorité souveraine par ses délégués, est une harmonie indestructible entre les diverses classes de l'Etat , et cette harmonie est la source d'une force qu'aucune

autre impulsion ne saurait produire ni remplacer. On a beaucoup discuté, même en
Angleterre, sur l'admission des communes
aux parlemens ou assemblées nationales, et
cette dispute chez nos voisins comme chez
nous est dégénérée en métaphysique, tant on
a été loin pour chercher les faits et les autorités. Pour tous les hommes impartiaux et
sincères, les faits tout travestis et défigurés
qu'ils aient été depuis un siècle sur cette question, ne sont pas douteux. Dans le gouvernement féodal que nous avons eu avec toute
l'Europe, le pouvoir n'a jamais été divisé
qu'entre deux grandes autorités : les rois et
la noblesse, et cette noblesse était celle qui
tenait le territoire par les fiefs. La masse des
peuples s'étant réunie dans des villes, et les
villes s'étant fait accorder des chartes, dont
le premier et principal objet a été de les sous-
traire au gouvernement général des officiers du
Roi ou de ceux des grands feudataires (et notre
aveuglement depuis la révolution a fait précisément l'inverse par la destruction de toutes
les chartes communales), et de leur donner
un gouvernement purement municipal ; par
leur richesse croissante, elles ont acquis un
poids qui a rendu nécessaire leur appel, au

moins comme pétitionnaires, aux Parlemens :
leurs demandes, à cause de cela, ont eu le
nom de doléances, et c'est encore sous la forme
de *pétitions* que les communes en Angleterre
participent à la confection de la loi. Avec des
formes bien plus fières assurément, nous ne
sommes pas encore parvenus à donner à la nation une part véritable aux actes législatifs
du gouvernement.

Aujourd'hui l'Etat où sont arrivées les villes
et les communes en général, est un Etat qui
ne ressemble plus à celui d'où elles sortaient,
lorsqu'elles s'ouvrirent la porte des parlemens : et leur admission aux assemblées nationales n'est plus une question. Mais n'oublions pas que sans cette admission, sans un
concours constant de la part de ce qui va être
considéré bien effectivement comme le tiers-
état, à la législation du royaume, ni la noblesse, quelle qu'elle soit, ni le Roi, ne peuvent obtenir la confiance et le concours de la
nation.

Ces grandes bases posées et assurées par les
plus fortes sanctions, et les plus fortes seront
dans l'organisation de la chambre haute, dans la
publicité des débats et dans la liberté de la
presse, toute la future constitution coule de

source, et viendra successivement sous la forme d'actes législatifs ; je ne voudrais donc plus que quelques articles fondamentaux sur quelques points de même nature. Nous ferions des volumes d'articles sur tous les points sur lesquels nous avons été blessés, que ce seront autant de promesses jetées au vent, si l'organisation même du corps souverain et les deux grandes sanctions dont j'ai parlé, ne nous garantissent leur exécution. D'un autre côté, il y aurait de l'inconvénient à multiplier les dispositions constitutionnelles sans évidente nécessité, puisque l'on s'exposerait dans les circonstances fréquentes où il faudrait passer outre, au reproche de violer fréquemment des articles que la nation aurait cru fondamentaux, et l'on risquerait par-là de perpétuer cette opinion d'instabilité dont tous les esprits sont prévenus en France, au point de ne plus croire à rien.

Cependant, je connais deux points sur lesquels la nation attend une satisfaction pleine et entière, et qui seraient presque des questions de constitution. C'est le droit de pétition et la liberté de la presse.

Du Droit de Pétition.

On ne croirait pas qu'il fût nécessaire en France de garantir, que dis-je, de rendre à la nation le droit de pétition. Cependant il est effectivement aboli. Ce n'est pas qu'on n'en présente assurément en France plus qu'ailleurs. Et s'il y a un spectacle qui ait affligé un Français, c'est celui qu'offrait cette masse de pétitionnaires qui se précipitait aux grilles des Tuileries, quand Napoléon y fesait ses revues, et qui s'accumulait journellement autour de lui quand il sortait de l'*incognito*. Cependant l'absolue inutilité des pétitions était une chose si connue, que dans les derniers temps on en était revenu, et que la commission des pétitions séante aux Tuileries était tombée dans une aussi parfaite nullité, que celles de la liberté individuelle et la liberté de la presse au sénat.

Tout le monde subissait paisiblement l'injustice la plus révoltante, comme une insurmontable destinée. Une pétition adressée au pouvoir souverain est un dernier recours, et ne doit être présentée qu'après avoir épuisé tous les ressorts. Il est clair que dans ce recours il ne s'agit jamais que d'affaires dans lesquelles il y a pour parties, d'un côté, un sujet, et de l'autre, l'état, dans la personne d'un de ses mandataires, et nullement de discussions entre particulier et particulier qui se vident par des moyens différens. Mais on ne peut présenter une pétition qu'avec l'idée que l'autorité qu'on invoque s'en occupera. Or, dans notre forme de gouvernement impérial, cela n'était point. La pétition était, de règle, renvoyée au ministre que la chose concernait. C'était, par conséquent, renvoyer la plainte précisément à celui d'où émanait le tort. Ainsi, en France, on pétitionnait effectivement le commis qui avait été l'auteur de la décision dont on se plaignait. Pour rendre la chose plus claire par des exemples, qu'on me permettre de citer ce qui m'est arrivé.

Je suis appelé, sur un rapport du ministre de la marine, à rendre compte de ma conduite comme chargé d'affaires aux Etats-Unis pendant cinq ans de guerre ou de bouleversemens dans les colonies, avec lesquelles j'avais eu les plus pénibles relations. J'apprends à mon arrivée que le ministre du trésor a pris part au rapport de M. Decrès. J'en parle au ministre, M. de Marbois, qui n'en avait aucune idée, et rejette la chose comme une affaire arrangée. Il n'en était rien : la participation que son ministère avait prise au rapport était l'ouvrage d'un M. Bricogne, commis puissant du cabinet, lié avec le commis du ministère de la marine, M. Vernier, qui avait été l'instrument de la passion de M. Decrès contre moi. Ayant acquis la certitude que le concours du trésor avait existé, j'écris au nouveau ministre, M. Mollien, pour le prier de me faire communiquer les griefs que le ministère a pu avoir. Ma lettre passe au cabinet ; j'en reçois une réponse portant que si j'indique les renseignemens dont j'ai besoin, on me les donnera. J'absous M. Mollien d'une réponse aussi dérisoire. Mais voilà comme l'absence d'un dernier recours contre les ministères tient la nation à la discrétion des commis.

Autre fait plus frappant. Je demande au ministre de la marine, M. Decrès, communication du rapport auquel, par la décision impériale, j'étais appelé à répondre. Le ministre m'en donne en partie lecture : aux réponses que je veux respectueusement interposer, il entre en fureur, et me dit que

(44)

j'en aurai copie pour répondre par écrit. Tout
est , sauf la fureur, régulier jusque-là. Je vais
chez l'auteur du rapport, M. Vernier, pour en
hâter la copie. « Monsieur , me dit l'employé,
» le ministre a eu tort de vous la promettre,
» vous ne l'aurez pas. On vous donnera com-
» munication des griefs du département. Voilà
» tout. » A la place d'un rapport de deux ou
trois pages sur lequel l'Empereur avait déci-
dé , je suis mis deux ans après, en cause sur
un volume de chicanes, presqu'étrangères ou
du moins bien différentes du rapport. N'était-
ce pas un abus de pouvoir révoltant ? J'aurais
écrit mille pétitions qu'elles auraient été inu-
tiles.

Je terminerai par un autre fait qui m'est
encore relatif.

Au mépris de la lettre et des réglemens du
ministère, et contre l'intérêt que j'avais droit
d'en attendre par mes services et mes liai-
sons, le département des relations extérieures,
lorsque je n'étais point encore destitué (je
ne l'ai été qu'après deux ans de séjour à Paris), non - seulement me refuse un secours
qu'on donnait à tous les employés que les évé-
nemens mettaient sans activité , mais encore
arrête mon traitement, à partir du moment

précis de la réception à Philadelphie de la
lettre qui m'ordonne de me rendre à Paris.
Cependant j'avais été encore retenu deux
mois à Philadelphie par les affaires ; j'igno-
rais, je n'ai appris qu'après mon arrivée à
Paris, sans qu'on me l'ait jamais notifié, que
j'avais un successeur, et un successeur qui ne
voulait point partir, et qui n'est parti que
quelques mois après : j'ai réclamé, jusqu'ici
inutilement, contre cette extrême injustice.
Elle avait, j'ose le croire, sa source dans la
terreur qu'inspirait ma persécution. Cependant le maître ne pouvait entendre qu'un re-
fusât à un fonctionnaire déplacé le juste
solde de son traitement. Un ministre refuse le
paiement le plus juste : tout est dit. Il est
l'auteur du tort, et s'en absout, en jetant vos
itératives remontrances au feu. Tout Paris a
connu un Américain, M. *Leavenworth*, à qui
M. Defermon a fait prendre je ne sais quelle
somme considérable d'inscriptions sur le grand-
livre. Avec la patience familière à sa nation,
il a pétitionné l'empereur Napoléon je ne
sais combien de fois. Jamais il n'a pu obtenir
une décision. Dernièrement, depuis le 31
mars, un employé supérieur, qui ne sortira
pas facilement des habitudes du ministère où

il est placé, a répondu à un homme qui re-
mettait dans les bureaux une demande pour
la reprise d'une liquidation accrochée depuis
quelques années : « Eh! monsieur, on ne
» paiera rien de tout cela. Si nous payions tou-
» tes les dettes depuis Louis XIV, nous n'en
» finirions pas. » Il y a, dans les maisons
d'arrêt, des débiteurs insolvables qui péti-
tionnent depuis long-temps pour qu'on vienne
à leur secours par l'interprétation du Code
de procédure, qui semble avoir aboli la libé-
ration pour insolvabllité présumée au bout
de cinq ans, établie par des lois antérieures.
Leurs pétitions sont comme non avenues.
Nous voyons cependant que le Parlement
d'Angleterre s'occupe périodiquement et dans
ce moment surtout, de tempérer la rigueur
des lois anglaises à l'égard de cette espèce de
débiteurs. Chez nous, on ne regarde même
pas aux pétitions, et le pétitionnaire ne sait
plus où réside le dernier recours.

Le droit de pétition ne peut être exercé
qu'auprès de l'assemblée nationale quelle
qu'elle soit ; c'est là qu'il y aura tribunal pour
entendre les deux parties, le plaignant par
sa plainte, le département intéressé par son
rapport. La décision ne pouvant passer qu'avec

le concours des trois autorités, l'abus est impossible ; mais ce n'est que là qu'il peut y
avoir redressement d'une décision injuste.
C'est cette juridiction qui résout tous les pro-
blêmes de la juridiction administrative à la
solution desquels nous nous épuisons vainement depuis douze ans ; elle rend un conseil
d'état à la manière dont nous l'avons jusqu'ici entendu , tout-à-fait inutile ; elle ôte
le prétexte le plus plausible qu'on puisse avoir
pour demander son rétablissement. J'ai dit
dans l'*état de la France* de quelle manière ce
genre de recours contre la décision des ministres y était traité. On peut dire qu'il n'existait
point, et cependant c'est sur la nécessité d'un
recours de ce genre que se fondent les argumens qu'on a toujours présentés pour défendre l'existence du conseil.

De la liberté de la Presse.

Comme je l'ai dit dans l'ouvrage précité ,
si nous n'avons pas la liberté de la presse
qu'on ne parle plus de constitutions. Aucun des trois pouvoirs n'entend ses intérêts s'il ne la réclame pas avec vigueur , s'il
ne la conserve pas avec une extrême jalousie.

Qu'on ne s'y méprenne pas, l'organisation des pouvoirs politiques n'est point là dernière garantie des libertés d'une nation. Cette dernière garantie réside toujours dans la nation elle - même ; c'est là qu'est éminemment le pouvoir conservateur ou constituant ; c'est l'opinion publique qui doit, en définitif, contrôler tous les pouvoirs ; ce sont les effets de cette opinion qu'ils doivent redouter, qui doivent les arrêter au moment où ils se sentiraient portés à commettre des excès. L'opinion est sans action, ou n'en a qu'une bien faible si les citoyens ne peuvent communiquer ensemble. La manière la plus prompte de communiquer est par l'intermédiaire de la presse. Sans la publicité des mesures de l'administration et la faculté de les discuter par la voie de l'impression ; sans le pouvoir de faire connaître à la nation les abus de l'autorité si elle vient à en commettre, comment la nation exercera-t-elle avec connaissance de cause, avec discernement, l'influence qu'elle peut s'être réservée sur les fonctionnaires qui sont amovibles à sa volonté ? Sous le gouvernement impérial, où l'on nous entretenait d'idées aussi fausses sur la monarchie ancienne que sur les constitutions nouvelles, on nous répétait

répétait que l'opinion publique, sous la monarchie, n'avait d'autre voie de censure que celle
des chansons, d'autre moyen pour faire redres-
ser les griefs dont elle avait à se plaindre, que
le ridicule. Mais c'est une opinion qui, à
l'étude de notre histoire, paraît tout-à-fait
erronée : le ridicule était, à la vérité,
faute d'autres qui étaient interdits, un des
moyens qu'eut l'opinion publique de manifester son désaveu des mesures publiques.
Mais il répandait sous le sel de l'épigramme,
la façon de penser de la partie éclairée de la
nation. Or cette façon de penser parvenait à la
fin au trône ; le roi qui n'approuvait que jus-
ques à un certain point, les mesures de ses ministres, et qui ne voulait pas que les choses arri-
vassent à une violente opposition, renvoyait
un ministère qui lui en faisait courir le risque.
Au reste, ignore-t-on que le parlement était
en possession de discuter les mesures du
gouvernement ministériel, d'en dénoncer les
dangers, d'en attaquer souvent les principaux
auteurs ? Qu'on dise donc que la monarchie
était absolue, et que la nation n'avait d'autre
arme que le ridicule pour défendre ses droits !
Ces moyens, il est vrai, étaient très-insuffisans,
et leur insuffisance a permis au despotisme mi-

D

nistériel de faire les progrès qui ont fini par ébranler la dynastie. Voilà la vérité pour qui conque veut écrire l'histoire et l'apprendre à ses enfans, autrement que comme une tradition, comme une affreuse théorie de fatalisme, dont une certaine école ne cesse depuis quelque temps de nous entretenir.

On dira peut-être que tout le monde est d'accord que les deux corps représentatifs reçoivent des pétitions et redressent des griefs ; et que ce genre de contradiction, et les débats publics, suffisent pour la sûreté des citoyens et la garantie de nos libertés. Mais je dis que cette concession est fausse dans la bouche de ceux qui refusent la liberté de la presse. La nation ne peut pas plus être privée de ce droit que de celui de parler : qui lui ôte celui d'écrire lui ôtera nécessairement l'autre, et ne souffrira pas que l'on disserte publiquement sur les questions de gouvernement et d'administration que l'assemblée nationale doit examiner. Or, assurément, si les délibérations de l'assemblée ne sont pas publiques, il faut renoncer promptement à nos nouvelles constitutions ; elles ne sont qu'un moyen de compromis, d'intrigues, passés et conduites contre les intérêts de la nation, au profit de quelques individus et de quelques familles ; elles deviennent une oligarchie secrète , avec laquelle , comme du temps de la ligue ou de la fronde , la cour capitulera , traitera l'argent à la main sans le frein de l'opinion , et ce frein est nul sans la liberté de la presse. Ces nouveaux établissemens , je le dis avec la plus ferme persuasion , sont pour nous le grand chemin d'un despotisme cent fois pire que celui contre lequel on a desiré de se garantir par la révolution.

Quel est le pouvoir qui redoute la liberté de la presse ! Est-ce le roi et la famille royale ? Il n'y a pas un Français qui ne voie maintenant en eux notre ancre de salut. Nos princes en ont tous la conscience : cette conscience qui avertissait Bonaparte de la profonde horreur dans laquelle son gouvernement était tombé, malgré toutes les consolations des journaux salariés ; cette même conscience dont le sentiment fait le repos et la force de nos princes, n'est pas aussi favorable à beaucoup de personnes puissantes, et ce serait donc elles, elles qui doivent en partie composer l'aristocratie de la France, qui craindraient cette liberté.

Mais ne sait-on pas que tout ce qu'elles re-

doutent, c'est que la récrimination et le sentiment bien naturel des malheurs dont leur
complicité avec Napoléon nous a accablés ne
fassent écrire? Le Roi ignore-t-il donc ce que
elles ont fait? S'il l'ignorait, voudraient-elles
le surprendre? Quant à la nation, n'est-elle
pas également au courant de ce qui s'est passé?
Ce que nous désirons, c'est, par la liberté de
la presse, la garantie qu'elles ne recommen-
ceront pas ; qu'elles ne persisteront pas dans
une carrière qui nous a coûté si cher. Nous
privera-t-on de cette garantie, pour éviter les
reproches et la récrimination? L'intérêt national fléchira-t-il devant celui de quelques
hommes puissants? Mais ces hommes n'enten-
dent même pas leurs intérêts. Quel malheur
que le sac se vide avec elles ; et si elles sont
sincèrement repentantes, si elles ont à oppo-
ser l'excuse franche de l'erreur, de l'entraîne-
ment, pourquoi ne pas compter sur le mérite
qu'aucun homme sensé ne refusera au retour
sincère qu'elles montreront à d'autres erre-
mens? Tout ce que l'on peut dire sur elles est
connu ; il leur nuit autant et plus, colporté
secrètement dans les salons, que proclamé
hautement dans les pamphlets d'un mécontent

ou d'un ennemi: Il ne s'agit plus pourelles du passé que comme d'un frein; pourquoi veulent-elles s'en affranchir?

C'est la conduite future qui déterminera la position de ces personnes si inquiètes et si irritables. Pourquoi vouloir enlever cette position, encore une fois, par surprise, et ravir à l'opinion le mérite de les y placer avec connaissance de cause! Leur opposition à la liberté de censurer, même follement, leurs actes (et ce ne sont pas les folles censures et les déclamations injurieuses qu'elles craignent), sera pour tous ceux qui ont de la mémoire, et que le passé rend justement susceptibles et difficiles à persuader, le présage d'une latitude nouvelles, qu'elles comptent se réserver pour l'abus et l'arbitraire. Or, c'est l'arbitraire et l'abus qui ont préparé et creusé pendant douze ans l'abyme où s'est venu engloutir le Gouvernement impérial. Au milieu de la paix il aurait beaucoup plutôt atteint le terme de sa carrière. Pour rallentir l'impulsion qui l'entraînait, il a fallu faire une guerre qui, depuis la rupture de la paix d'Amiens, a été sans bornes, comme sans autre but que de consolider le despotisme intérieur par le despotisme universel. Nous ne pouvons croire que l'on ne nous fera pas nouvellement parcourir ce cercle désastreux qu'autant qu'on ne montrera pas la crainte de se laisser voir et examiner au grand jour.

Quant à l'intérêt du Roi, la question est de savoir s'il connaîtra l'état de l'opinion par les sentimens qu'elle sera libre d'émettre, ou par les rapports de la police. Qu'on se rappelle à quel point Bonaparte lui-même, dans les derniers temps, a été enveloppé, trahi par la sienne, et l'on verra quel fond on peut faire sur ce genre d'information.

Par qui la Constitution sera-t-elle acceptée et discutée ?

Encore un mot sur la question importante de la future constitution. Par qui sera-t-elle acceptée et discutée avant proposition ? Ceci nous ramène à la question de la souveraineté. La souveraineté est, de fait, dans les pouvoirs qui se trouvent l'exercer. De droit, où est-elle ? Ceux qui disent qu'elle est dans la nation, font la plus belle part possible aux usurpateurs, car la nation, comme personne capable d'agir, de défendre à ses droits, n'est nulle part. Si l'on veut faire accepter encore la constitution par un vote de *oui* et de *non*, par la masse des citoyens, je proteste, pour ma part, contre

le renouvellement de cette détestable ironie.
C'est une sorte d'acclamation qui nous reporte
aux scènes les plus affreuses de la succession
des empereurs romains.

Si la nation doit intervenir dans cette grande
question, je demande qu'elle y intervienne par
les conseils électoraux; que ce soit par une
discussion libre, réfléchie, qu'ils donnent leur
assentiment ou qu'ils manifestent leurs objections. Faudra-t-il tenir compte des objections?
S'il y a discussion, il faut bien que l'on y fasse
quelqu'attention sans doute. Ce recours aux
conseils électoraux, au reste, me paraît la seule
manière de donner à l'opinion nationale une
influence régulière, efficace, sur la formation
du Gouvernement. Ces conseils sont une émanation véritable de la nation; c'est vraiment
par leur organe qu'on peut espérer d'avoir un
vœu. Un vote universel par oui et non, est une
forme tout au plus présentable aux lazzaronis
de Naples; j'aimerais autant la manière qu'a-
vaient nos ancêtres, d'approuver ou d'improu-
ver en murmurant ou en frappant de la lance;
c'est un vote tout aussi significatif; et l'expérience du vote pour le consulat à vie, nous ap-
prend que lorsque les paquets arrivent au ministère de l'intérieur, on peut, au moyen de

quelques zéros ajoutés par des commis qui les enliassent, grossir à son gré le nombre des approbateurs.

Je ne dis pas que le recours aux corps électoraux doive avoir lieu : cette question est plus spéciale que je n'en veux traiter dans cette ébauche. Je dis que s'il s'agit d'une acceptation nationale, c'est la seule forme légale, pratique, à laquelle on puisse penser. Quant à la discussion des articles constitutionnels, comme je l'ai déjà fait entendre, une discussion de ce genre qui roule sur le partage de l'autorité, ne peut avoir lieu qu'entre ceux qui la possèdent déjà, et qui, fatigués des agitations, voulant les prévenir, désirant le repos, capitulent, traitent pendant une trève, absolument à la manière des états belligérans. Toute autre idée d'une Charte est une vision : c'est l'épée à la main, d'intention ou de fait, la chose ne fait rien, que discutent les partis en présence dans cette négoiation, la plus solennelle qui se puisse traiter, puisqu'il s'agit d'éviter le renouvellement des guerres civiles. Ici, c'est l'intérêt révolutionnaire et l'intérêt anti-révolutionnaire qui sont aux prises : l'un, avec toute l'exigeance de vingt-cinq ans de succès et de gloire militaire ; l'autre, avec vingt-cinq ans d'oppression et de privations. Mais l'intérêt révolutionnaire a pour lui une forte portion de la noblesse ancienne compromise à commencer depuis 1789; car, n'en doutons point , c'est là que nous sommes replacés : il a pour lui l'avantage dont il faut lui tenir grand compte si l'on vise à la paix, d'avoir posé les armes , d'avoir fait la trève , d'avoir rappelé la famille régnante. Ce parti sent la nécessité d'une union, d'une fusion des intérêts dont la division, les défiances mutuelles ont mené au sultanisme en France , comme elles menèrent au Cromwellisme en Angleterre. Quels sont les légitimes représentans de ces deux intérêts ? Les noms et les autorités révolutionnaires d'un côté , les noms anti-révolutionnaires de l'autre. Dans cette dernière cathégorie, je ne place point le Roi : il fait, il doit faire fonction de médiateur entre les deux partis ; voilà son vrai rôle.

J'estime donc que la discussion de la constitution appartient à une assemblée où ces divers intérêts soient représentés ; qu'on y mette si l'on veut le Sénat et le Corps Légisgislatif: cela est indifférent. Ce n'est point en leur qualité de corps faisant partie du Gouvernement (et

ils devaient provisoirement en faire partie),
qu'ils y assistent : c'est comme capables d'ap-
porter à cette négociation le poids des intérêts
respectifs qu'ils sont censés représenter. Les
princes du sang, les chefs de l'ancienne noblesse, ceux de la nouvelle, les maréchaux,
voilà encore des élémens nécessaires de cette
assemblée : ce qu'elle aura adopté, le terme
auxquels les parties s'y seront accordés, doivent finir par être la loi du pays. C'est à eux
à voir qu'il en résulte pour la nation des garanties telle qu'elle ait intérêt d'y donner son
assentiment entier par les représentans que la
constitution lui accordera sans doute dans le
Parlement futur. C'est là ce sur quoi les deux
intérêts doivent s'exécuter sincèrement ; car
s'ils allaient pactiser pour l'opprimer comme
le Sénat a traité avec Napoléon pour l'asser-
vir, il ne faut s'attendre ni à de la concorde
ni à du repos.

Paris, le 15 mai 1814.

DE L'IMPRIMERIE DE PORTHMANN,
RUE DES MOULINS, N°. 21.